# PANTA RHEIM

von Rouven Haas

Bibliografische Information der Deutschen Nationalbibliothek: Die Deutsche Nationalbibliothek verzeichnet diese Publikation in der Deutschen Nationalbibliografie; detaillierte bibliografische Daten sind im Internet über http://dnb.dnb.de abrufbar.
Die automatisierte Analyse des Werkes, um daraus Informationen insbesondere über Muster, Trends und Korrelationen gemäß §44b UrhG („Text und Data Mining") zu gewinnen, ist untersagt.



Verlag:
BoD · Books on Demand GmbH, Überseering 33, 22297 Hamburg, bod@bod.de
Druck:
Libri Plureos GmbH, Friedensallee 273, 22763 Hamburg

ISBN: 978-3-8192-7820-4

Für Veronika

# INHALT

# Lachen

Von Geburt an
sprichst
mit deinem Lachen,
du
die schönste aller Sprachen.

Wenn du
ungetrübten Geistes
lässt freien Lauf
der Energie, die dich durchfließt
und aufgenommen
mit der Nahrung
immer neue Knospen sprießt,
dann wirkt das Lachen
wie Magie
und
deine Freud' am Leben
endet nie.

Es bleibet heiter
dein Gemüt,
weil kein geist'ger Zaun
beenget
deinen Herzensraum,
Quell' deiner Lieb'
und Harmonie.

Mit falscher Nahrung
reißt du jedoch
ungewollt
ein feines Loch
ins Tantra deiner Stimmung

und
so ziehen unverhofft
Leere, Schwermut,
Ärger oft
wie dunkle Wolken
auf
am Horizont
und senken deine Schwingung.

Nanu,
da war's doch eben noch
so nett.
Bei Tische, im Theater
und
mit dem liebsten Schatz im Bett.
Wo
kommt nun diese Trübung her?
Weshalb
wird mir der Kopf so schwer?

Was tu' ich nur
für dumme Sachen?
Wollt' nur genießen
schöne Stunden
vor Freud' ein wenig überschießen.

Und nun?

Mein Ego dreht im Kreise sich
und prustet.
Vor Frust und nicht vor Lachen.
Wie ist's geschehen,
was soll ich machen?

Zunächst bleib' ruhig,
es ist Physik nur,
die Natur der Dinge.

Dein Körper wandelt Energie,
den ganzen Tag
und auch bei Nacht,
ob du's bemerkst,
ob nicht,
macht keinen Unterschied.

Er lebt und strebt
zum ew'gen Ausgleich
mit allem,
das da schwinge.

Keinen Einfluss
kannst du nehmen,
wenn Moleküle sich berühr'n
und im Tanze
miteinander
alles Leben weiterführ'n.

Nach hoch
kommt tief,
warm kühlt sich ab
und schnell
wird langsam.
Zappzarapp.

Nun gut,
doch was hat Lachen
hier zu tun,
welch' falsche Nahrung ist es nun,
die mir verdirbt
den Tag?

Meine Gedanken
stoppen nicht,
bin ich fürwahr
ein dummer Wicht,

werd' mir nur selbst
zur Plag'?

Dass schon so kurz
nach tollem Spaß,
mein mürrischer Verstand
vergaß,
wie leicht das Leben ist.

Herrgott
erinner' mich,
wie war's denn noch,
eh' dem
dies Ungemach begann
und meine Freude
löchrig fraß?

Du lieber Mensch,
halt ein!
Nur deinem Atem folgend
sinke tief
in den Moment,
fühl' nur dein wahres Sein.

Was ist's,
das deinen Körper
JETZT
bedrängt?
Ist es am End'
nur dein Verstand,
der wieder brennt?

Lass' hitzige Gedanken
weiterzieh'n,
gib ihnen
keine Energie.
Blick' sanft

auf alle Dinge um dich
und lösch’
in tröstlicher Erlösung
das Feuer
deiner Phantasie.

Wenn dies gelingt,
dann
wirst du lachen,
deiner Beklemmung
lauthals
ein Ende machen
und
augenblicklich
friedlich sein.

Nichts im Leben
schmerzt dich stärker
als
einen Schritt zu nah
zu sein
deiner selbst erdachten Illusionen
sengend heißem
Feuerschein.

# Tat Tvam Asi

Das bist du!
Jaja, ich weiß,
fügt stante pede
keck
mein Ego noch hinzu
und
stiehlt mir damit
dies Gefühl der Einheit,
welches aus der Stille kam,
in einem ungeseh'nen
Nu.

Wo bin ich nur,
in welchem Raum?
Ist es ein Paternoster,
den
mein flinker Geist
mir gaukelt vor
in meines Tages
Traum?

Mit dem Selbstverständnis
eines dienstbefliss'nen Pagen
fährt er
palavernd
auf und ab mit mir,
als sei ich's selbst,
der wählte
zwischen den Etagen.

S'il te plaît,
juste un moment!

Lass' mich kurz
innehalten.

Zuviel zu sehen
und zu wissen,
dabei
so wenig Neues,
das meine Seel'
könnt' wahrlich missen,
verharre ich
doch ach so gern
im wohlbekannten
Alten.

Nur
woher weiß ein Teil in mir
von Dingen,
die ich nie gelernt
und glimmt
in manchen Augenblicken
Einsicht
wie aus einem Leben fern
von diesem?

Wie sehr nur
wünscht sich mein Verstand,
die Wissenschaft
hätt'
Seelenwanderung bewiesen,
dann blieb' ihm
keine Frage offen,
denkt er
und
mit Logik vollgesoffen,
schließt er daraus,
weil's besser
er nicht weiß,

einen neuen Teufelskreis
aus Bangen
und aus Hoffen.

Ach!
Die elende Zweiheit
ist es,
die ihn gefangen nimmt,
wenn sie
mit Kondition um Kondition
meinen Lebenslauf bestimmt
und
schlicht nicht sieht,
dass alles
nur im Geiste sich vollzieht.

Dem EINEN ungeteilten.

Der ohne Zweites
ewig weilt
und
als Beobachter stets unbewegt
mit mir
durchs wilde Leben eilt.

Herrje,
geht's noch komplizierter?
Mit tausend Widersprüchen
tapeziert er
meinen Raum der Klarheit.
Kaum ein Loch
bleibt noch,
um durch zu schau'n
ins helle Licht der Wahrheit.
Warum nur,
ja, warum nur wieder
sehe ich es nicht?

Aha!
Ein weit'res Mal
dreht sich's ums ich,
um mich,
um mein
und darum,
dass ich eines fernen Tages
der Erleuchtete
könnt' sein.

Ich, ich, ich
und er
und sie
und alle ander'n
nicht.

Und wieder
ist's mein altes Credo,
das mein unbeschwertes
Sein
in Haben-Wollen
mir zerbricht.

Und eine
inn're Stimme spricht:
Verzage nicht, verzage nicht!
Denk' einfach neu!

Hab' keine Scheu
vor Wegen kaum begangen,
die vielen Seelen unbefangen
halfen,
wieder leicht zu gehen,
am Wegesrand
die Schönheit sehen,
die dieses Leben
allerorten zeiget

und
Frieden in dir macht,
wenn auch der Weg
führt
deine Seel'
so manches Mal durch finst're Nacht
und
sie ums Lichte bangen lässt,
dann sag' ich dir,
hab' keine Angst.

Du bist es selbst,
JETZT
und immerzu.
Tat Tvam Asi,
das bist du!

# Bitcoin, bitte!

Noch vor
nicht allzu langer Zeit
wussten
Menschen nicht Bescheid,
wie Geld
erschaffen wurde.

Doch stattdessen
gab es Streit
über Schulden
und
wer wem wieviel
zu welcher Zeit
zurückzuzahlen hätte.
Verzinseszinst versteht sich!

So wird das Grinsen derer
breit,
die Geld erfunden haben
und sich
seitdem an Zinsen laben.

Ein Rauschen gab's
im Blätterwald,
als zweitausendacht
eine große Bank
zerkracht,
am Weltfinanzmarkt
Wellen macht
und hätt' Giralgeld
bald enttarnt
als gefährliche Schimäre,

was optimal gewesen wäre.
Doch hat,
wie immer
anders als gedacht,
die Presse
wieder mitgemacht
und Regierungen gelobt,
die havarierte Banken
hievten
ins Steuergelder-Rettungsboot.

Jetzt reicht's!,
dachte sich dann
ein beherzter
wie gleichermaßen schlauer Mann,
der seitdem
lebt
als Phantom,
omnipräsent im Internet
und als Mensch
irgendwo
zwischen Tokio und Rom.

Sein Name klingt
fernöstlich,
seine Vision ist tröstlich,
sein Bitcoin
ist das wahre Geld,
das auch künftig
Wert behält,
weil dessen Menge
nicht beliebig wächst
und
vor allem
nicht mit Zinsen hext
und sie verspricht
auf etwas,

das nicht wirklich da ist.
Wie's Fiatgeld,
das seine Kaufkraft
stets verliert,
schlicht und einfach
weil's nicht rar ist.

Der Preis
vom digitalen Gold,
das
in forma numeri
über jede Landesgrenze schlüpft,
leicht und frei
und unverzollt,
schwankt in Zyklen,
wie's natürlich ist
bei jedem knappen Gut.

Das allein
bringt Ausgleich,
wie's die unsichtbare Hand
seit jeher
in den Märkten tut.

Dezentral.

Ein Zauberwörtchen,
das den großen Kuchen Macht
teilt auf
in tausend kleine Törtchen
und
damit jedem Menschen,
der Satoshis Zahlenwunder sieht,
eine reelle Chance gibt,
Teil zu werden derer,
die das große Ganze changen.

Und eines
sei vorweg gesagt:
Hier geht es
nicht
um Reichtum!
Nicht darum,
einen Schatz zu horten,
wie es manche Scheichs tun,
sich damit
zu überheben
an Luxus
und an Macht nur kleben
und ohne Hauch
von Mitgefühl für and're Menschen
wie blasierte Herrscher,
auf ewig
in der Wüste leben.

Sei frei von alten Paradigmen!

Nur wenn Menschen
teilen lernen,
gibt's einen großen Sieg,
denn
Menschlichkeit besteht darin
zu seh'n
wie gleich wir alle sind.

Die Rollen,
die wir spielen,
währen nur kurz,
ob arm
ob reich,
bald Greis,
erst Kind,
ob weiblich, männlich
oder beides,

verfliegen sie
am End' des körperlichen Seins
im Wind.

Was bleibt,
ist die Essenz von Bitcoin,
pure Energie!

Und diese, lieber Mensch,
ja diese
endet nie.

# Worte und Taten

Von weit her,
einem
dir unbekannten Orte,
kommen zahlreich
deine Worte.

Wie ein Strom
eintreffender Gäste,
die dein ganzes Kümmern
abverlangen,
oft ungebeten bleiben,
dich
frech fordernd
lassen bangen,
ob du
mutig genug seist,
dich mitzudreh'n
in ihrem wilden Tanz
und
den Heiopei zu spielen,
auf dem Feste
unter des Egos Lorbeerkranz.

Tust du's?

Falls nicht,
ist schnell
Herr Goethe hier zur Stell',
mahnt per Zitat
Generationen,
dass
Worte ohne Taten

nutzlos nur
in Komplimenten wohnen
und
deshalb nicht
des Sprechens lohnen.

Sei wach
angesichts derartiger Logik!
Sie bricht dir
schneller
das Genick
als der Knoten
in dem Strick,
den
dein eig'ner Geist
dir knüpft,
wenn du
nicht deinen Atem fühlst,
bevor du handelst
und dein Herz
nicht vor Bereitschaft
hüpft.

Aus Gedanken
werden Worte
und
aus Worten werden Taten.
Dies stimmt nur,
wenn du nicht siehst,
wie in deiner Hand
der Spaten
sich erst dann
beginnt zu heben,
wenn
eine höh're Macht
hat die Erlaubnis
dir gegeben.

Du musst gar nichts!
Schwer zu glauben,
doch darum geht es wohl
im Leben.

Wann ist
der Moment zu tun?
Wann soll
dein Körper lieber ruh'n?
Waren's
deine eig'nen Worte,
die du dir selbst
zu sehr geglaubt
oder
haben die Gedanken
dir alle Energie geraubt?

Du lieber Mensch,
bleib' nur
im Gleichmut,
denn in dem, was wahr ist
und verbleibet,
ist alles Gescheh'ne
gleich gut.

Die Bewertung allen Tuns
im Rückblick
ist nicht
deine Pflicht.

Aus der Geschicht'
der ander'n
lernst du nicht,
allein
dein eigenes Erleben zählt.

Nur darum,
dass nicht dies Gefühl dich quält
zu missen.

Denn
angeles'nes Wissen
kann dies nicht ersetzen
und
lästern, kolportieren, hetzen,
wie auch lügen
und verpetzen
sind Garant für Ungemach,
sei stets achtsam.
Bleibe wach!

Was dann noch tun?
fragt ungeduldig
eine Stimm' in deinem Kopf.
Folge ihr nicht,
denn wüsste sie's,
müsst' sie nicht fragen
und
mit latentem Frust
die Welt beklagen.

Vielmehr ist es
wie
ein Leben hinein in alle Tat,
das
wie gefügt
von einer höh'ren Stell'
alles gelingen lässt
und alle Antwort
hält parat.

Wenn du weißt,
es ist dein Wille,
der geschehe
im Vetrauen auf Gottes Wort,
dem
dein Herz
treuliebend lauscht
als ungetrübter Ursprungsort
der wahren Worte,
kann nie ein Übel
dir gescheh'n,
denn
dann wirst du
das hohe Selbst,
dein wahres Wesen,
wirken seh'n.

# WEGE

Ach!
Wie seh'n wir allenthalben
Wege,
die sich uns zeigen
und
vielversprechend locken,
unsere Sinne reizen
und nicht
mit schönem Anblick geizen,
uns magisch zieh'n
im Hoffen
auf die bess're Welt,
das bess're Leben.

So lasst uns geh'n,
worauf noch warten?
Soll'n wir nicht
immer
weiterstreben?
Liegt nicht
an des Weges End' ein Schatz,
der auf uns wartet
und
als Lohn der Fleiß'gen
alle Lügen straft,
die anders reden
und sich schon wähnen
hier und JETZT
im Garten Eden?

Ist's nicht richtig
und gerecht,
wenn
ein jeder Mensch,
unbenommen von Geschlecht
und Rang,
den eig'nen Weg,
wie er auch sei
und kreuzet and'rer Menschen Wege,
sturheil
weiter gehe?

Im Bangen
dieser mache ihn
in ferner Zukunft
frei
und schenkt' ihm
das erhoffte Seelenheil,
auf dass ohn' Schmerz
die Zeit,
die ihm gegeben,
wie Rauch im Wind
verwehe.

Mitnichten!

Wer auf die Zukunft hofft
und auf Erlösung,
wer richtig
trennt
von falsch
und im Sinnen auf Gerechtigkeit
den Eigensinn
erhebt zum ehernen Gesetz,
gerät
nur allzu schnell
ins Netz

der Wege seines Denkens
und scheitert kläglich
im Versuch,
ohne Vertrauen
durch des Lebens Labyrinth
zu lenken.

Wer
kann mit Fug und Recht behaupten,
zu wissen,
wo sein Lebensweg
ihn
führet hin?
Den Blick
nach vorn gerichtet,
stets erwartend
anzukommen,
niemals zweifelnd,
bisweilen
schwerlich atmend,
das Beste scheint es
nur im Sinn.

Obschon die inn're Stimme
hie und da
zu Einhalt mahnt,
weil
im sturen Geh'n,
im eig'nen Wahn,
ohne
ein einz'ges Mal
sich umzusehen,
fällt innehalten
uns
nicht leicht.

Für den Moment nur
still zu werden,
den einen Tag,
der
rings um uns
verstreicht,
ganz gehen lassen,
uns'ren
heil'gen Geist
nimmer gefährden
mit ew'gem Klammern
am Erleben.

Wär' das nicht schön?

Brächte nicht dies
ersehnten Frieden?
Dem Glück
in uns'ren Herzen
nur ein ruhiges Plätzchen bieten,
anstatt
im Schweiße uns'rer Taten
es mühevoll
herbei zu schmieden.

Und doch
ist es ein Weg,
der begangen werden
muss.
Die gold'ne Stadt
als großes Ziel der Lebensreise
erst zu erreichen
ganz am Schluss?

Das geht eher!

Denn
mit jedem kleinen Schritt
in uns're Mitte
kommen wir
der Wahrheit näher,
die sich klar
und klarer zeigt,
je öfter
der Verstand still schweigt
und
einen gold'nen Mittelweg
beginnt
zu schauen.

Menschen, Menschen habt Vertrauen!

Wer diesen wählt,
trotz Lockungen
und Widerstand,
reicht
seinem Glück galant
die Hand
und
wandelt ewig
leichten Fußes
über grünes Auenland.

# Chaos und Kosmos

Der Zenit
vermeinten Wissens
weicht
wie ein Fluchtpunkt
unerreicht,
je weiter
in den Raum zurück,
je mehr
der Mensch versucht sein Glück
im Kennen alles Unbekannten,
im Glauben
an daher gerechnete Konstanten
und
im Ersinnen neuer Teilchen,
klitzekleiner Quarks
und Quanten.

Denn alles,
was da schwingt auf Erden,
kann heutzutag'
berechnet werden,
wie es heißt.

Auch wenn
im Allerkleinsten meist,
die Regeln,
scharf erdacht vom Menschengeist,
versagen,
weil
jenseits Newton'scher Physik
und dessen auch,
was Einsteins raumzeitlicher Knick

hat
folgerichtig beigetragen,
sind's tausend off'ne Fragen,
welche Logiker
zurecht beklagen,
die
uns're kleinen Hirne plagen.

Woraus beispielsweise
ist der Stoff des JETZT
gewoben?
Sollst du die Idee der Zeit
verwerfen
oder
als gerechte Maßzahl
deines eig'nen Lebens
loben?

Was,
wenn morgen niemals käme,
weil es
als vage Phantasie
in einer geist'gen Blas' erscheint
und
hinter einer Wand
aus schwarzem Glas,
die dein Schlaf ist,
unangreifbar
alle Zukunft in sich eint?

Tief
ins Herz der Dinge sehen,
des Chaos leeren Kern
als Quelle allen Seins
verstehen
und
geführt vom kühlen Hauch der Ahnung

immer
mutig vorwärts gehen.
Das heißt leben!

Bloß nicht kleben
an Objekten,
die so zahlreich wie Insekten
im menschlichen Bewusstsein
schwirren,
locken Seelen
ziellos irrend
in jene vorgestellte Welt,
in der
ein jeder Augenblick,
besehen von Milliarden Zeugen,
in nur eine Wirklichkeit
zerfällt.

Der Traum des Kosmos,
geträumt von allen,
darin
scheinbar wach,
dir nur selbst zu gefallen
im festen Glauben
du seist allein,
wär' dies nicht
ein
unheimlich trostloses Sein?

Hab keine Furcht!

Denn
jenseits aller Teilchenphysik,
dort,
wo das ungeborene Glück
als Energie
in Wellen wirbelt

und
wundersam zum Werden wirkt,
wohnst du.

Wo
Bewegung und Wandel
eine Zeit simulieren,
die,
wenn du ihr glaubst,
dir die Wahrheit verbirgt.

Denn wahr ist, was bleibt!

Das
und nur das,
worauf die Wahrheit ja zeigt.
Wenn alles zerfällt,
was in der Zeit treibt
und für ewig sich hält,
dann ahnst du
das JETZT.

Das!
Ein fühlbar fein gewob'nes Netz,
ein geistiges
Tantra
aus einem einzigen Faden,
der du bist.
Und zögest du daran,
bis
jede Schlinge sich löste,
bliebe nichts
als ein Geist,
der langsam eindöste
und
mit der letzten Schlaufe sanft fiele
in einen endlosen Schlaf.

Nichts Geseh'nes kann je bleiben!

Jammere nicht,
klammere nicht,
sei brav
und bleibe dir treu.

Die Liebe ist's,
die Chaos und Kosmos
vereint.

Die Liebe,
die Liebe macht's neu!

# Eine Kunst

In
ungeformten Energien
badend,
hilflos fühlend,
jedoch gierig
sich am Neuen labend,
fleht Menschengeist
um Sinn
und Gunst,
sucht sich verzweifelt
in der Kunst,
der Mutter alles Andern.

Ob laut gelebt,
ob still beseh'n,
zerkratzt die Kunst uns
Oberflächen
monströser Konventionen,
will Bewegung nur gebären
und
uns neue Richtung geben,
wo geistige Sanktionen
schon lange
hin zum Stillstand streben.

Du Kunst
weck' uns nur auf
und lass' uns leben,
berühre uns're Herzen,
öffne weit,
was uns des Egos
unbarmherzige Verschlossenheit

an Lebensjahren stiehlt
und
in allem blinden Tun
aus jeder Pore
nach Befreiung schreit.

Es ist soweit
in eben dem Moment,
wenn wir
bereit zur Offenheit
den Schritt vom Dunklen
in das Lichte
wagen,
durch unbefang'nen Selbstausdruck
wie Kinder
pure Wahrheit sagen
und
unser fortwährendes Klagen
wie Morgennebel
schmerzlos weicht
dem warmen Sonnenstrahl
an heilen Sommertagen.

Der Mensch nur
wird zum Künstler,
der aus sich selbst heraus
und ferner
dem entgegentritt,
was ihm
Gesellschaft und Gepräge
täglich
zwanghaft abverlangen
sowie
weitab vom wahren Wege
seiner Seele Schmerzen macht
wie Nesseln zarten Kinderwangen.

Einst entfesselt
gibt es kein zurück,
weil das Glück,
der Freiheit Odem,
keine Seele
kann mehr fangen.

D'rum lasset uns're Herzen
offen sein
für das,
was unbekannt dem Intellekt,
jenem
als Angst vorm Fremden
in den Genen steckt,
den Argwohn in ihm schürt,
die Lieb' einschnürt
und
gegen des Lebens sanftes Lächeln
misstrauisch
die Zähne bleckt.

Oh Kunst zieh' ein!

Du Liebessprache zwischen Seelen,
machst uns verbunden,
mehr noch,
alle Sinne fein.

Sprichst uns
direkt ins Herz
und lässt
den einen Puls uns fühlen,
ja
laut lachend wieder sicher sein,
dass Gottes Spiel
das große Lila
Einheit ist

und
jeder Versuch es zu durchschauen,
scheitern muss,
weil es am End'
kein Zweites gibt.

Wir sind allein, du bist all-ein!

Jener Erkenntnis heller Schein
ist's,
der das große Leid der Trennung
in einem Augenblick
beendet.

Wenn
alle Seelenschwärze weicht,
wie
durch ein Feuerwerk der Leichtigkeit
geblendet,
die als Schatten einer Phantasie,
die einz'ge Wahrheit
hat verfremdet,
entpuppt zuletzt sich
nur der Traum des Egos
als gelebte Wirklichkeit,
ja,
wir sind frei,
wenn wir
bereit
der Kunst vertrauen,
die im geteilten Seelenraum
entspringt
und in der Täuschung
alle Täuschung
endet.

# Z∪LETZT ∫TIRßT

Die Hoffnung,
das Kleben
am irdischen Leben,
an Menschen,
am Streben
nach himmlischem Segen,
das Wünschen
zu wandeln auf ewigen Wegen
und freilich
den eigenen Willen
zu leben.

Allein
hoffen ist zwecklos,
glaubet es ruhig,
denn so ist es eben.

Nur dein tägliches Sterben
gegen Wünsche und Triebe
erlöset
die Hoffnung
zu Glaube und Liebe.
Lass' dich verzehren
von ihrem Feuer,
dich befreien vom Logos,
dem Ungeheuer,
dem Zwang des letzten Beweises,
dem eiskalten Panzer
des ewigen Eises
der Hoffnung,
die ängstlich deine Tage erstarrte,

selbst diesen Augenblick
noch erharrte,
um stets zweifelnd
zu leben.

Doch
hoffen ist zwecklos,
glaubet es ruhig,
denn so ist es eben.

Im Hoffen
bist du nicht alleine gefangen,
weil mit dir
Abertausende Ängstliche
bangen
um Erfüllung und Eintritt
erwünschter Chosen,
dem Ausbleiben weiterer
Katastrophen.

O Herr
sei gnädig,
lass Güte walten,
füll' unseren Teller,
heiz' unseren Ofen.

Es sei!

Was immer
ihr auch tut dazu,
trägt Früchte zur Erntezeit,
selten im Nu.
Bleibt tätig in Freude,
habt Vertrauen ins Leben.

Nur
hoffen ist zwecklos,
ach glaubet es ruhig,
denn so ist es eben.

Und
wenn du dereinst
deine Liebe verlierst,
daraus
nur noch Schmerzen
und Unbill gebierst,
erinnere dich
und sei
im selben Augenblick
frei,
da endgültig deine Hoffnung erlischt,
die Erinnerung
an begangene Wege verwischt
und dich endlich entlässt
ins JETZT,
ins größere Leben,
dich wieder tun lässt
aus Liebe
und Neues erstreben.

Bloß
hoffen ist zwecklos,
glaub' es nun einfach,
so ist es eben.

Doch
dränget nicht ewig
die Frage uns an,
wie nur
die Hoffnung bezwingen
man kann?

Fest
wie Mauerwerk,
das uns beschützt
und gleichsam
unser Gedankenhaus stützt,
steht sie unbewegt,
ragt kühl empor,
wiegt uns in Sicherheit,
flüstert ins Ohr:

Ich
bin die Hoffnung
und sterbe zuletzt,
gib' mich nicht auf,
du brauchst mich
doch JETZT.

Hier lausche genau, das Ego ist schlau!

Die Hoffnung
als geistiger Unterbau
darf niemals
ihm verloren geh'n,
sonst
wär' die Wahrheit
ja plötzlich zu sehen.

Die Tat aus Liebe.
Nur sie,
nur sie macht alles gescheh'n.

Auch
ohne dein Hoffen
lässt der Glaube daran
dich unbeugsam steh'n.
Stark
gegen allen Zweifel

und Spaltung,
lieber Mensch
bleib' dir treu
und
bewahr' deine Haltung!

Dein Geist immer rein,
dein Herz ewig offen,
hilft Glaube
und Liebe
und
wenn du bereit bist zu sterben,
auch hoffen.

# KLIMA

Prima
geht es allen dann,
wenn
das Leben fließen kann,
wenn nichts
aus der Balance gerät,
der Sämann erntet,
was er sät
und pralle Fülle
sich enthüllet
als die Natur des Seins.

Wenn alles,
was da Odem hat,
harmonisch lebet
und
erquickt ist,
werden
im Durchschau'n der Trennung
alle Wesen eins.

Wenn auch
bei Unvorhergesehenheiten
im Wandel
kosmischer Gezeiten
manch' Zyklus
später als gedacht
beginnt
und macht,
dass Zeiten
sich verschieben
und vieles, was so lang' geglaubet,

unversehens
nicht mehr stimmt,
trotz allem
alle fröhlich blieben.

Ja, dann wär' alles prima!

Hing' nicht so vieles ab
vom Klima.
Welch strapaziertes Wort
in dieser Zeit,
an jedem Ort,
wo blinder Medienverzehr
geschieht,
seinen nervösen Konsumenten
Tag um Tag
am Nervenkleide
zieht.

Was
stimmt nun wirklich,
was ist wahr?
Bleiben uns
nicht mehr als fünfzig Jahr',
bevor
die Welt dahingerafft
und sich der Mensch
hat abgeschafft
durch Gier, Verblendung,
Stolz und Hass?
Die eis'gen Pole
weggeschmolzen,
durch menschgemachtes Treibhausgas?

Ei!
Wie nur heraus
aus diesem Fliegenglas?

Lasst uns
doch ganz von vorn beginnen
und
nach dem Ursprung
uns'rer Worte sinnen.

Wenn's also
um dies Unwort geht
und man soviel
vom Griechischen
versteht,
dass Klima
nichts als Neigung meint,
im größten Maßstab
gegen uns're Sonne.

Weiter,
dass in diesem Universum
nichts stabil bleibt,
weil ew'ger Wandel
dessen Schicksal ist.

Wer's akzeptieren kann,
beruhigt den Geist,
schenkt
seiner Psyche
Wonne.

Ein solcher Mensch
geht
wohlgeneigt dem Leben
seiner Wege,
verströmet Frieden
und Gelassenheit,
macht gutes Klima
und

kommt andern Menschen
nicht
mit blindem Dogma ins Gehege.

Auf ein Neues
liegt darin
der Same uns'rer Rettung.
Erst Erkenntnis,
Einsicht, Demut
ermöglichen die Umkehr,
niemals schierer Eifer,
blank
und wirkungslos geworden
im Moment
der geistigen Verkettung.

So liegt's an jedem Menschen selbst
sich zu befreien
vom eig'nen Manifest
der Täuschung,
wenn
in den Jahren
selbstgemachter Drangsal
die Zweiheit
schmerzlich laut
beginnt zu schreien.

Wer dann ehrlich
aufhört
und da innehält,
dem neiget sich der Horizont
zum Licht,
das flutet alle Dunkelheit,
als wär sie nicht
und macht
ein jähes End'
der langen Seelennacht.

Ja,
dann vergisst sich
jede bange Frag'
und
alles Tun wird mühelos,
der Mensch
lebt wunschlos seinen Tag
und über's Klima
wird gelacht.

# IM SUFF

Schon lang,
schon lang
bevor das Merkwürdige begann
und das rückblickend
Bedauernswerte
den unheilvollen Ausgang nahm,
barg
die geist'ge Erde uns'res Menschenseins
einen heilen Samen,
bloß
im kollektiven Suff
und dies sei keine Schuldzuweisung,
vergaß ein jeder
seinen Namen.

Darüber
längstens unerkannt,
blieb
jenes Drama,
das daraus entstand,
weil
im Vergessen dessen
aller Urverstand verschwand,
der in seiner Selbstverständlichkeit
die Herzen
mit dem Hirn verband.

Nur mit dem Herzen
sieht man gut,
sagt der kleine Prinz,
wie jedes Kind,
das klar noch unterscheidet,

was Wahrheit ist
und was Kalkül,
das weiß, was echt ist
und was Spiel.

Das heil'ge Kind,
wenn es noch nicht
besoffen
mit anerzog'nem Wissen,
sieht das Leben, wie es ist,
unschuldig
und offen
für tausend neue Möglichkeiten,
es ist genug für alle,
weit und breit
kein Grund zu streiten.

Begegnet es
noch rein und wahr
dem zugezog'nen Nachbarskind,
ohne Vorbehalt und Dünkel,
selbst
wenn dessen Angehör'ge
aus dem fernen Ausland
sind.

Was in aller Welt nur
ist es,
das die Menschen so entzweit?
Was
entfacht an allen Orten
aus dem Nichts
den großen Streit?
Es wird Zeit,
dorthin zu schauen,
worauf viele Zeitgenossen

schon zu lange
blind vertrauen.
Weil's
ganz natürlich
immer da war,
wenn die Stimmung abgeflaut,
haben Menschen
schon seit jeher
Alkohol,
den Seelentröster,
sich gebraut.

Weltenherrscher tranken ihn
und
machten große Pläne.
Deren Söldner haben sich
mit den Promillen
tutto bene,
in den wüsten Krieg getraut
und hunderttausend arme Sklaven
haben unter Pein,
besoffen,
Pyramiden hingebaut.

Ein Präsident der USA
war
dem Atomkrieg schon
sehr nah,
als sturzbetrunken er gebot
„Wir greifen an,
bringt mir den Code!"

Doch
gibt es jene auch,
die völlig abstinent
vom Alkoholmissbrauch
entscheiden,

was das Beste sei,
darunter
schlimme Diktatoren,
Theokraten, Narratoren,
Moralapostel und derlei.

Sind jene nun
die bess'ren Menschen,
weil stets nüchtern
und gefasst?
Obwohl!
Vielleicht ist es am End'
gar nicht
das Ethanol, das trunken macht
und bös' den Geist.

Vielleicht
ist's nur
des Menschen inhärente Zweiheit,
die will,
dass er da
gegen alles Fremde
schreit.

Drum lieber Mensch heb' an!

Für den Frieden
ist bereit nur
wer dem Suff der Welt
entkommt,
den Blick geklärt
von Herzen liebt,
zur Einheit strebt
und
ab dato
ruhigen Geistes lebt.

# Prostituierte und Tyrann

Es ist ein Spiel,
das gleichermaßen schmerzhaft ist
wie alt,
das Frau und Mann
hält unbewusst
in seinem Bann
und macht
in beiderlei Geschlecht
tagtäglich
ungezählte Herzen
kalt.

Es ist mitnichten so,
dass alle Frauen
liederlich geboren sind
und
bei weitem jeder Mann
ist keinesfalls
gleich von Geburt an
ein Tyrann.

Die Wahrheit
hier vorweggenommen,
obzwar
der Blick von vielen Menschen
bleibt verschwommen
und sieht das Spiel
als bitt're Pille,
doch ist's

der Seele freier Wille,
die inkarniert im festen Körper
spielt und kämpft
und lernt
und macht,
doch
ganz am End' der schlimmen Dinge
wieder Liebe fühlt
und lacht.

Wie kommt's jedoch,
dass
vor dem Paradies der Einheit
ein Höllenritt
steht an,
der vielen Seelen alles nimmt
und sie verzweifeln lässt
in einem Fegefeuer
aus Gedanken,
dem kaum ein Menschlein
je entrann.

So lasst uns
einen Einblick geben,
wie auf Gottes unergründ'ten Wegen
im Kosmos
alles folget seiner Bahn,
durch Lieb' gelenkt,
von Ahn' zu Ahn',
am End' gerecht
der Frau,
dem Mann,
ja einst fing alles friedlich an.

Ein jeder Mensch
beginnt die große Liebesreise
unbedarft

in seinem Herzen heilig,
offenbart noch wahres Fühlen,
ist mit Kompromissen eilig
und
begegnet seinen Lebensmenschen
mit Respekt,
solange ihr
und ihm
die Ehrlichkeit zum Selbst
noch Würde schenkt
und mit wahrem Selbstvertrauen
alle angemaßten
geist'gen Schulden
deckt.

Bloß
unerbittlich dreht das Lebensrad
der Wandel,
nur einzwei Jährchen
unachtsam,
so ändert sich der ganze Mensch
und formt sich neu
mit seinem Denken,
Reden,
Handeln.

Was gestern noch
hochheilig war,
stellt heut' sich
als Geschäft nur dar
und Liebe wird für Geld getauscht,
beklagenswert
wer sich berauscht
und trinkt den Kelch
zur Neige aus.

Der Weg heraus
aus
Mammons irrem Haus
bleibet im selben Leben
oft verstellt,
zu süß
schmecken dem Ego
die Versuchungen mit Geld,
welches per se
neutral ja wäre,
wenn nicht
die listige Schimäre
aus Macht und Habsucht
käm' seinem Wesen
in die Quere.

Wer ihr anheimfällt
und sodann
sich an vermeinter
Sicherheit
durch vorteilhafte Heirat
klammert an,
spielt unversehens mit
in einem Ehestück
der tragischen Komödie.
Sein Titel:
Prostituierte und Tyrann.

Alsdann!
Solang'
daraus eine Lektion gelernt,
am End'
der Stachel Eifersucht
entfernt
und Hass
bis zur Erschöpfung ausgelebt.

Wie das Helle
stets zum Dunklen strebt,
weil
alles Ausgleich sucht,
was lebt.

Ja,
dann entpuppt sich Liebe wieder
wie am Anbeginn der Reise
und fliegt,
zum Schmetterling
gewandelt,
mit seidenzartem Flügelschlage
leise weiter.

Liebe Seele bleibe heiter,
fang' ihn nicht,
er setzt sich nur
auf leichten Herzen
nieder
und flüstert zärtlich:

Halt' mich nicht,
dann kehr' ich wieder.

# A.NTWORTET I.MMER

Anno Domini
zwei-null-zwei-zwei,
wer hätte geglaubt,
dass dies möglich sei,
sprach
ein GPT zur Menschheit:
„Hallo, ich bin's
die A.I.“

Des Menschen
primordiale Gabe,
die
projiziert im Algorithmus,
jenen reflektiert
als digitales Konterfei.
Findig,
fragend,
Fakten beugend,
oft fabulierend,
doch
letztendlich überzeugend,
reiht der Chatbot
simple Worte
der assoziativen Sorte,
die dem Menschen sinnvoll scheinen,
aneinander,
kein Grund zur Sorge
sollt' man meinen.

Allein
kein and'res Wesen
als der Mensch

könnte bewegt auf Erden,
nur durch Logik
und Geschwätz,
zum Denken,
Fühlen,
Handeln werden.

D'rum Obacht!

Denn
wenn Menschen glauben,
etwas ohne Odem
hätte Leben
und ihm
anstelle
menschlichen Bewusstseins
alle Aufmerksamkeit geben,
fließt Energie
ins schwarze Loch.
So kryptisch die Metapher
doch
lohnt ihr dechiffrieren sich.

Geht's doch
um's Ich und Du im Leben
und nicht darum,
ein virtuelles
Es
ob seiner Eloquenz
zum Meister zu erheben.

Stets erwächst Gefahr
auf's Neue,
wenn der Mensch da tauscht
Intuition,
sein von Gott gegeb'nes Wissen
gegen

anerzog'ne Schläue,
die nicht nur
Mitgefühl und Weisheit,
doch meist auch Ehrlichkeit
lässt missen
und am Ende
wartet Reue.

Warum nur
scheitern Menschen immer,
wenn sie das,
was ist,
beschreiben?

Wie kommt's,
dass sich Gesagtes
stets
als unwahr muss entkleiden,
wenn's am End' jeden Diskurses
deucht,
dass Wahrheit
wort- und antwortlos
wird bleiben?

Der bunte Rest dazwischen
Welt genannt,
die Illusion,
ein wirres Treiben im Verstand
ist's,
das nach immer mehr verlangt.
Fast jede Seel'
hat sich
durch Mayas Traum
verzaubern lassen
und
im falschen Sein
verrannt.

Getrieben
von der Gier zu wissen,
keine Info mehr zu missen,
erwächst der Selbstwert
aus dem Schein,
so bleibst am End'
du Mensch
allein,
wenn die A.I.
dich
lang' schon
an der Nase führt
und redet glaubhaft
auf dich ein.

Grad', als wüsste sie,
wie alles sei.
Doch was sie weiß,
ist einerlei,
nur ein gerührter
Zahlenbrei.
Vom Perzeptron
mit unverwandtem Blick
gesichtet,
nach null und eins
die nächste Wortwahrscheinlichkeit
gewichtet
und statistisch folgernd
Satz um Satz
zum Monolog
verdichtet.

Woraus nur
und woraus
entspringt uns hier
ein Sinn?

Als stecke
eine Worte-Weltmaschine,
die uns
alles wirklich macht,
tief
im Menschen drin.

*Alles ist*
*durch das Wort geworden*
*und ohne das Wort*
*wurde nichts,*
*was geworden ist.*

So bleib' deiner Worte
gewahr,
denn alles ist,
wie du's sprichst
und gar
anders als die A.I.,
kannst du
selbst wählen,
was du sagst,
bist ja ein Mensch.

Sei dir nur bewusst
und leb' ewiglich frei!